MONDES FUTURS: L'EXPLORATION LUNAIRE
© Journal Albert - éditions La Poule qui pond
Author: Julie Lardon
Illustrator: Sylvie Serprix
All rights reserved.

No part of this publication may be used or reproduced in any form or by any means without written permission except in the case of brief quotations embodied in critical articles or reviews.

Korean Translation Copyright © 2023 by Dasan Books
The Korean translation rights arranged through Rightol Media (Email:copyright@rightol.com) and BC Agency, Seoul.

이 책의 한국어판 저작권은 BC 에이전시를 통한 저작권자와의 독점 계약으로 다산북스에 있습니다.
저작권법에 의해 한국 내에서 보호를 받는 저작물이므로 무단전재와 무단복제를 금합니다.

선생님도 몰랐던 미래 읽기 프로젝트

오늘부터
달 탐사

쥘리 라르동 글 | 실비 세르프리 그림 | 윤여연 옮김 | 강성주 감수 및 해제

차례

달에 대한 끝없는 관심
신화 속의 달	6
달에 관한 관찰과 발견	9
지구의 유일한 자연 위성	14
달의 탄생	16
상상 속 달나라 여행	18

달까지 가자
우주 탐사의 시작	22
사람을 달로 보내기 위한 소련과 미국의 노력	26
달을 향한 여정	30
인류 최초로 달에 발을 디딘 사람들	38
세계가 함께한 달 착륙 과정	42
달 착륙 음모론	45
달 이곳저곳을 탐사한 아폴로 계획	46
오랜 달 탐사의 성과	50
달 암석 연구	52
달에서 발견한 물의 흔적	55

달을 향한 새로운 도전

달 탐사를 시작한 나라들	58
새로운 도전 '아르테미스'	62
우주 정거장의 과거와 미래	64

달을 넘어 우주로

화성으로 가는 중간 기착지	68
국제 달 기지 건설 계획	70
국제 달 조약	77
우주 탐사에 도전하는 기업	78

해제

오늘부터 달 탐사	80

달에 대한 끝없는 관심

신화 속의 달

옛날 사람들은 밤하늘 높은 곳에서 밝게 빛나는 달을 마치 밤의 태양처럼 생각했어요. 여러 신을 믿는 다신교가 흔했던 수천 년 전, 달의 신은 어디든 빠지지 않고 등장하는 신이었지요.

지금의 이란과 이라크 일대에 해당하는 메소포타미아 지역의 사람들은 황소의 모습을 한 달의 신을 숭배했어요. 그들은 달의 신을 태양의 아버지로 여겼답니다.

고대 이집트 사람들은 사람 몸에 따오기 머리(또는 개코원숭이 머리)를 한 토트를 달의 신으로 모셨어요. 이집트 신화 속에서 토트는 머리에 시간의 순환을 상징하는 달 모양 원반을 쓴 모습으로 표현되곤 했답니다. '시간의 지배자'로 불렸던 토트는 달의 주기를 다스렸지요.

고대 그리스 사람들이 숭배한 달의 신 셀레네는 은빛 광채가 나면서 얼굴이 하얗고 눈부시게 아름다운 여신이었어요. 달을 의인화한 모습으로 묘사되었지요. 시간이 흘러 사냥과 출산의 여신 아르테미스가 달을 상징하게 되면서 셀레네의 자리를 점점 아르테미스가 대신했어요. 고대 로마에도 이 두 여신과 비슷한 여신이 있었는데, 로마의 셀레네는 루나, 로마의 아르테미스는 디아나였답니다.

사람들이 달을 관찰하기 시작한 때부터 민간에는 달에 얽힌 이야기들이 끊임없이 떠돌았어요. 예를 들어 보름달이 뜨면 마녀들이 날아다닌다는 속설은 고대 로마 시대부터 전해 내려온 이야기예요. 또한 많은 전설 속의 늑대인간이나 뱀파이어처럼 신비한 종족이 나타나는 배경은 주로 보름달이 뜨는 밤이었답니다.

옛날 우리나라 사람들은 보름달을 귀하게 여겼어요. 그래서 정월 대보름(음력 1월 15일)

이면 높은 곳으로 올라가 남보다 먼저 달을 보고 새해 소원을 비는 달맞이 풍속이 있었지요. 달을 보기만 하는 것이 아니라, 맞이하는 것은 귀한 달을 손님 맞듯 받아들인다는 뜻이에요. 상고 시대부터 최근까지 이어져 내려오는 선동 풍습이지요.

상현달

초승달

삭

보름달

하현달

그믐달

달에 관한 관찰과 발견

달은 지구와 가장 가깝고 관찰하기 가장 쉬운 천체예요. 그래서 자연스럽게 초기 천문학자들의 주된 연구 대상이었지요. 달을 관찰하던 사람들은 달이 지구 주위를 돌고 있고, 이런 달의 반복적인 움직임에 주기가 있다는 사실을 발견했어요. 먼저 초승달의 모양이 점점 커지면 상현달로 바뀝니다. 상현달이 더 커지면 동그란 보름달이 되었다가, 다시 보름달의 모양이 점차 줄어들면서 하현달로 바뀌지요. 더 작아진 그믐달을 지나, 마지막으로 달이 사라져 지구의 하늘에서 보이지 않을 때를 삭이라고 합니다. 이렇게 달이 삭으로부터 다음 삭에 도달하기까지의 길이를 '삭망월'이라고 해요.

몇몇 고대 문명에서도 달에 대한 새로운 사실을 발견하고 천문학이 발전하는 데 기여했어요. 지금으로부터 약 4,000년 전, 바빌로니아 사람들은 주기적으로 바뀌는 달의 모양과 태양의 이동을 바탕으로 달력을 만들었어요. 또한 수백 년의 관찰을 통해 달이 삭에서 다음 삭이 될 때까지의 기간을 의미하는 1삭망월이 29.53일이라는 것을 밝혀냈지요. 이를 바탕으로 만든 태음력은 많은 고대 문명에서 사용되었답니다. 지금까지도 이슬람교에서 주로 사용하는 이슬람력은 태음력을 기반으로 만든 달력이에요.

고대 그리스 사람들도 달의 움직임에 큰 관심을 보였습니다. 기원전 6세기 철학자 탈레스는 처음으로 달을 연구했던 고대 그리스 학자 중 한 명이에요. 역사학자인 헤로도토스는 탈레스가 기원전 585년에 발생한 일식을 예측했다고 말하기도 했지요. 하지만 현대 과학자들은 헤로도토스의 주장을 역사적 사실보다는 확인되지 않은 속설로 생각하고 있어요.

그로부터 100여 년 후, 또 다른 고대 그리스 천문학자인 아낙사고라스는 달이 스스로 빛을 내는 게 아니라 태양의 빛을 반사해서 빛난다는 가설을 내놓았어요. 당시에는 이 주장을 인정하지 않았지만 사실 달의 위상 변화와 일식, 월식까지 설명할 수 있는 가설이었답니다.

기원전 4세기 철학자이자 과학자인 아리스토텔레스는 달이 완벽하게 매끄러운 표면을 가진 구 형태라고 생각했어요. 아리스토텔레스의 주장은 천문학을

탈레스   아낙사고라스   아리스토텔레스

중요시 여기지 않았던 중세 시대 말까지 진실로 받아들여졌답니다.
중세의 막이 내리고 르네상스 시대가 열리면서 학자들은 달을 더 정확하게 관찰하기 시작했어요. 16세기 말에는 하늘의 별을 크게 확대해서 볼 수 있는 천체 망원경이 발명되면서 달 연구에 큰 변화가 생겼어요. 1610년에는 이탈리아 학자 갈릴레오 갈릴레이가 천체 망원경으로 달 표면이 울퉁불퉁하다는 것을 발견했지요. 이렇게 울퉁불퉁한 달의 구덩이를 '크레이터'라고 부른답니다. 그로부터 몇십 년이 지난 1647년, 천문학자 요하네스 헤벨리우스는 세 장짜리 달 지도를 하나로 묶어 《월면도》를 출간했어요. 이 책에서 그는 달 표면에 보이는 울퉁불퉁한 구덩이마다 알아보기 편하도록 이름을 붙였지요. 17세기 후반에 들어서면서 헤벨리우스 외에도 여러 천문학자가 자신만의 연구 결과를 담은 달 지도를 만들었답니다.

갈릴레이   **헤벨리우스**

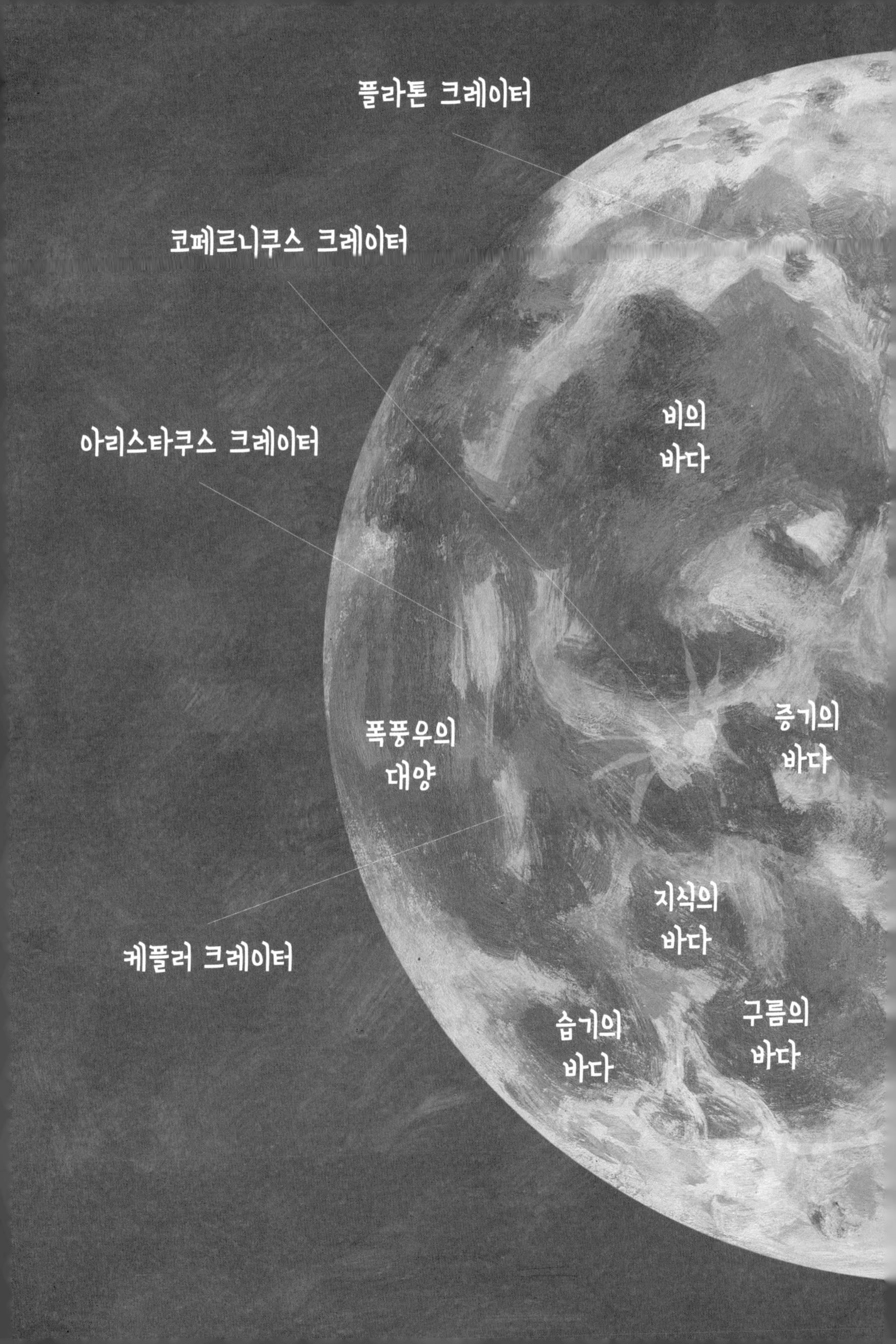

플라톤 크레이터

코페르니쿠스 크레이터

아리스타쿠스 크레이터

비의 바다

증기의 바다

폭풍우의 대양

지식의 바다

케플러 크레이터

습기의 바다

구름의 바다

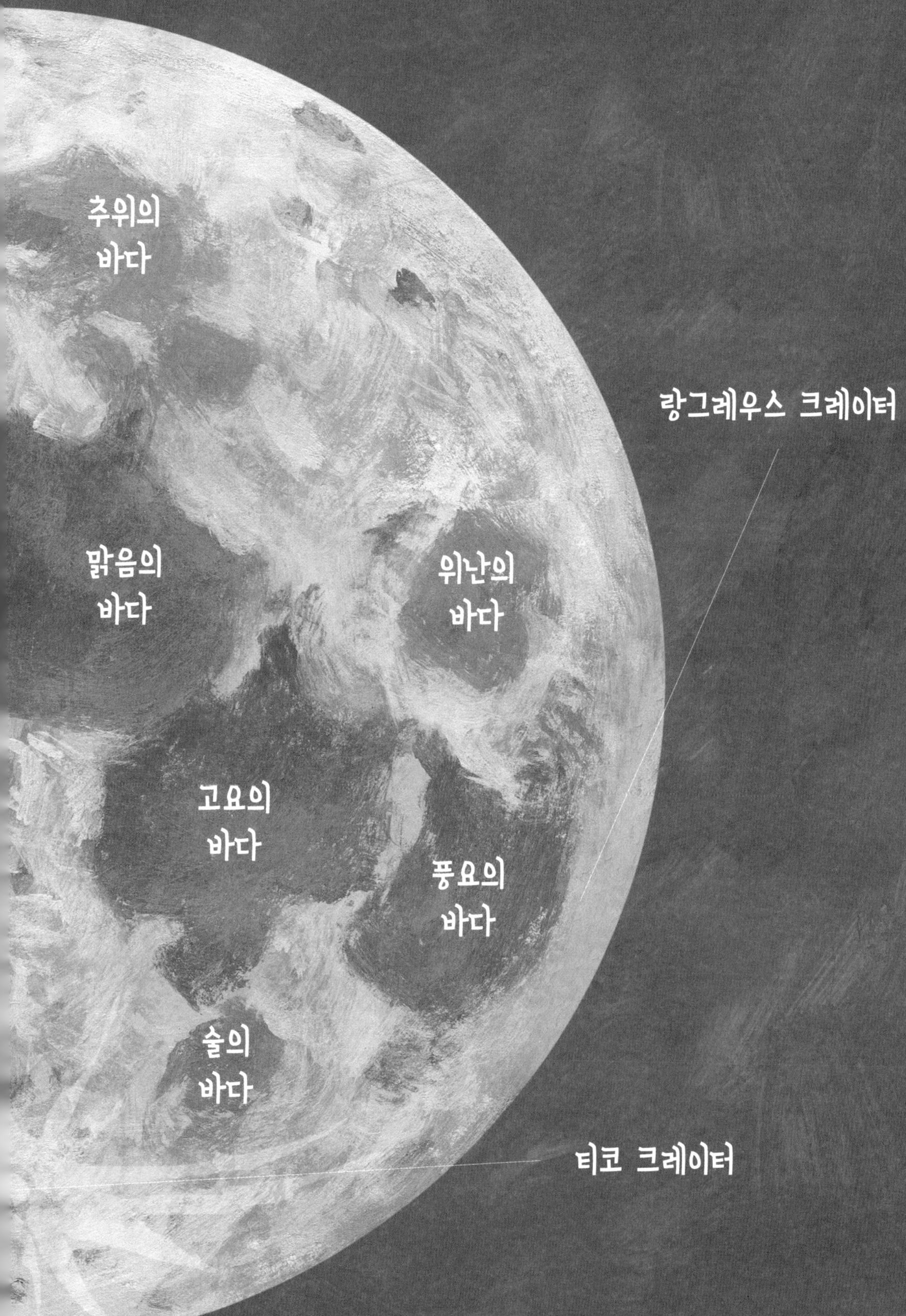

추위의
바다

맑음의
바다

위난의
바다

랑그레우스 크레이터

고요의
바다

풍요의
바다

술의
바다

티코 크레이터

출처: 국제천문연맹(International Astronomical Union), 대동여지도 월면지도

지구의 유일한 자연 위성

달은 지구의 단 하나밖에 없는 자연 위성이에요. 달이 지구를 공전한다는 뜻이지요. 달은 초당 약 1,000m의 속도로 지구 주위를 돌아, 한 바퀴를 도는 데 평균 27일 7시간 43분이 걸린답니다.

이러한 달의 공전은 지구에 여러 영향을 미칩니다. 행성, 위성 등 우주의 모든 물체는 끌어당기는 힘인 중력을 가지고 있어요. 달도 중력이 있기 때문에 지구가 달의 영향을 받는 것이지요. 달이 공전하면서 지구와 달의 거리가 가까워지면 이로 인해 바닷물이 육지로 들어오는 밀물 현상이 나타나고, 멀어지면 힘이 약해져서 바닷물이 바다 쪽으로 빠지는 썰물 현상이 일어나요. 17세기에 물리학자 아이작 뉴턴이 만유인력의 법칙을 발표하면서 우리는 이 현상을 제대로 이해할 수 있게 되었어요.

지구를 공전하는 달은 스스로 회전하는 자전도 해요. 달이 한 바퀴를 자전하는 데 약 27일이 걸리지요. 달의 자전 주기와 공전 주기가 같아서 지구에 사는 우리는 항상 달의 절반 정도만 볼 수 있어요. 이렇게 지구에서는 달의 한쪽 면만 볼 수 있어서 우리가 볼 수 없는 달의 반대쪽을 '달의 뒷면'이라고 부릅니다.

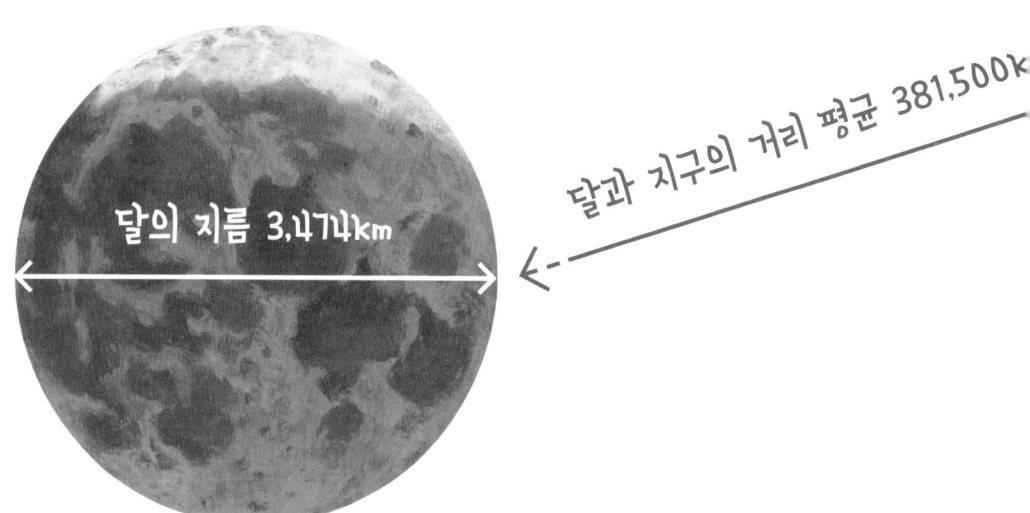

달의 지름 3,474km

달과 지구의 거리 평균 381,500k

지구의 지름 12,742km

화성, 목성, 토성 등 태양계의 다른 행성에도 지구의 달과 같은 자연 위성들이 있어요. 화성은 포보스라고 불리는 자연 위성이 있고, 목성은 네 개의 거대한 위성인 이오, 유로파, 가니메데, 칼리스토가 주위를 돌고 있답니다. 또 토성도 자연 위성이 매우 많은데, 그중 하나인 타이탄은 태양계 행성 중 하나인 수성보다도 크다고 해요.

달의 탄생

달은 어떻게 생겨났을까요? 19세기 즈음 과학자들은 달의 기원에 대해 다양한 가설을 제시했어요.

19세기 말, 천문학자 조지 다윈은 달이 지구에서 떨어져 나온 조각일 것이라는 가설을 주장했는데, 이를 '분열설'이라고 해요. 또 다른 가설로는 커다란 먼지 덩어리들이 뭉쳐지면서 지구와 달이 동시에 만들어졌을 것이라는 주장도 있었어요. 이외에도 달의 탄생에 관한 여러 가설이 등장했지만, 모두가 받아들일 만한 신빙성 있는 주장은 없었답니다.

1970년대에 들어서면서 과학계는 아폴로 계획에 참여했던 우주 비행사들이 달에서 암석 샘플을 채취해 온 덕분에 달의 탄생에 대한 질문에 한 발짝 더 다가갈 수 있었어요. 암석을 분석해 보니 놀랍게도 달과 지구의 구성 성분이 매우 비슷했기 때문이에요.

이후 과학자들은 '거대 충돌설'이라는 새로운 가설을 내놓았답니다. 약 44억 년 전 어떤 행성이 지구와 충돌하면서 달이 만들어졌다는 것이에요. 그리고 지구와 충돌했으리라 추정되는 이 행성을 고대 그리스 신화에서 달을 낳은 여신의 이름을 따서 '테이아'라고 부릅니다.

당시 지구는 완전한 형태를 이루지 못하고 맨틀이 녹아내리면서 마그마가 끓고 있는 상태였어요. 테이아와의 충돌로 거대한 충격을 받으면서 지구의 맨틀 일부가 떨어져 나갔고, 테이아도 산산조각 났을 것이라고 해요. 이렇게 두 행성에서 떨어져 나온 파편들이 뭉쳐지면서 지구 주위를 빙빙 돌기 시작했고, 결국 달이 되었다는 주장이에요.

거대 충돌설은 현재 과학자들이 보편적으로 받아들이는 가설이지만, 여전히 보완해야 할 부분이 많아요. 과학자들은 테이아의 특징(크기, 무게, 속도 등)을 파악하기 위해서 컴퓨터로 모의실험을 진행하면서 지구와 테이아의 충돌을 가상으로 재현해 보고 있답니다.

약 44억 년 전, 지구는 테이아라고 불리는 작은 행성과 충돌했다.

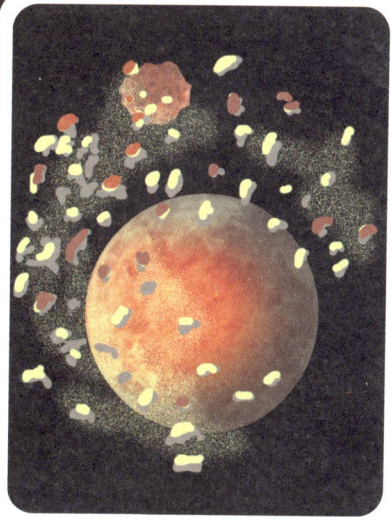

충돌로 지구의 맨틀 일부가 떨어져 나갔고, 테이아는 산산조각 났다.

두 행성의 암석 파편들은 자전하는 지구에 이끌려 지구 주위를 돌기 시작했다.

지구 주위를 돌던 암석 덩어리들이 하나로 뭉쳐지면서 마침내 달이 탄생했다.

상상 속 달나라 여행

최초의 달나라 여행은 상상 속에서 이루어졌어요. 첫 유인 탐사 임무가 시행되기 오래전부터 많은 작가가 달을 향해 떠나는 이야기를 썼답니다.

1865년, 프랑스의 작가 쥘 베른은 《지구에서 달까지》라는 소설을 발표했어요. 소설에 나오는 주인공은 탐험가로, 달나라까지 자신을 날려 보낼 거대한 대포 안에 몸을 실어요. 이 모험은 1869년에 출판된 《달나라 탐험》으로 이어집니다. '달을 향해 날아간 이들이 어떻게 되었을까?' 하는 궁금증을 풀어 주기 위한 후속작으로, 탐험가들은 갖은 고난을 겪지만 달을 탐험하는 것을 기뻐하는 내용이에요.

또 영국의 작가 허버트 조지 웰스는 1901년에 《달의 첫 방문자》를 발표했어요. 이 소설은 과학자와 탐험가가 우주선을 타고 달나라에 가서 달나라 사람들의 문명을 만나는 이야기예요.

달나라에 사는 옥토끼 이야기

옛날 우리나라 사람들은 달에 계수나무가 있고 옥토끼가 달에서 방아를 찧는다고 생각했어요. 보름달이 떴을 때 달 표면에 보이는 토끼 모양과 비슷한 얼룩에서 시작된 상상이지요. 옥토끼는 신선들이 늙지 않고 영원히 살 수 있게 하는 약을 만든다고 전해지는데 이와 비슷한 이야기는 일본, 인도, 중국 등 동아시아 전반에 다양하게 퍼져 있답니다.

영화계에서도 달나라 탐험은 가장 인기 있는 소재였어요. 1902년에 개봉한 조르주 멜리에스 감독의 영화 〈달 세계 여행〉은 철공소에서 만든 포탄을 타고 달을 향해 떠나는 사람들의 모습을 담았어요. 이 영화는 지금까지도 최초의 SF 영화로 꼽힙니다.

또 벨기에의 만화가 에르제는 1953년과 1954년에 〈땡땡의 모험〉 시리즈의 《달 탐험 계획》과 《달나라에 간 땡땡》을 출간했어요. 이 두 권이 시리즈 중에서 가장 유명해요. 특히 만화에 등장하는 빨간색과 하얀색 타일 무늬의 로켓 XFLR6은 땡땡의 달나라 모험을 상징한답니다.

달까지 가자

우주 탐사의 시작

지구에서 달을 관찰하기 시작한 지 수백 년이 지나는 동안 사람들은 점점 더 달에 가까이 다가가고 싶어 했어요.

1950년대에 달을 향한 첫 우주 탐사 계획을 세우며 잡은 목표는 두 가지였습니다. 첫 번째 목표는 달의 지형을 정확하게 파악해 지도를 작성하는 것이었어요. 두 번째 목표는 달에서 가장 어둡고 지대가 가장 낮은 달의 바다와 달의 구덩이인 크레이터의 기원을 밝혀내는 것이었지요.

당시에는 제2차 세계 대전에서 승리한 미국과 소련(러시아와 그 주변국들로 이뤄진 연방)을 중심으로 세상을 바라보는 시선도 둘로 나뉘어 대립하고 있었어요. 두 나라는 정치 제도와 경제 모델이 달랐는데, 각자 자신들의 시스템이 최고라고 내세우고 있었습니다.

물론 과학 기술 분야에서도 두 강대국은 서로 대립하고 있었어요. 특히 우주 분야에서 자신들이 더 뛰어나다는 것을 보여 주고 싶어 했지요. 그러던 중 1957년 10월 4일, 소련이 인공위성 스푸트니크 1호를 발사해 지구 궤도에 안착시키는 데 성공하면서 우주 탐사 역사에 첫발을 내디뎠답니다.

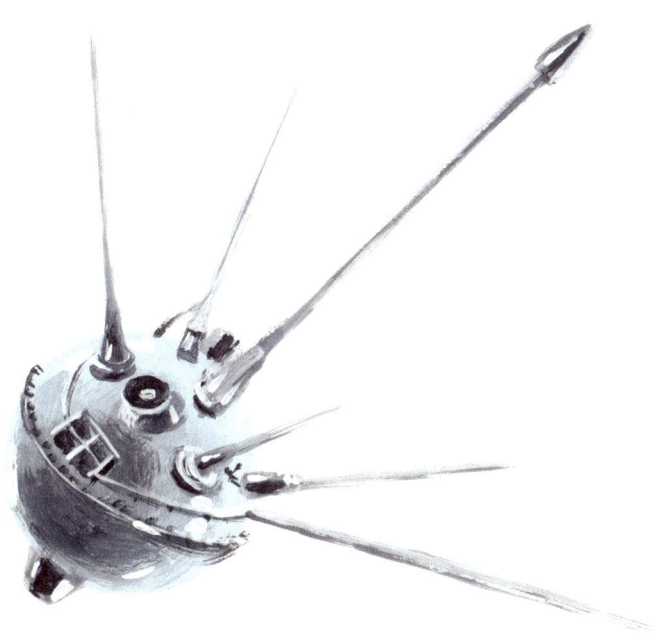

주도권을 잡은 소련

1959년 1월 2일, 소련이 달 탐사선 루나 1호를 쏘아 올리면서 본격적으로 달 탐사가 시작되었어요. 루나 1호의 목표는 달에 충돌하는 것이었으나, 설계된 궤도를 벗어났고 달에서 6,000km 떨어진 지점을 지나 태양을 향해 갔어요. 그로부터 몇 달이 지난 1959년 9월 14일, 또 다른 달 탐사선인 루나 2호는 목표대로 달에 충돌했어요. 비록 루나 2호는 달 표면에서 부서졌지만, 사람이 만든 탐사선이 최초로 다른 행성에 도달했다는 기록으로 역사에 남았습니다.
루나 2호를 발사한 지 한 달도 채 지나지 않은 1959년 10월 4일, 루나 3호가 우주를 향해 날아갔습니다. 3일 후, 루나 3호는 달의 뒷면 상공을 지나면서 29장의 사진을 찍고 지구로 돌아왔어요. 그중 17장의 사진을 통해서 그때까지 아무도 볼 수 없었던 달의 숨겨진 뒷모습을 보고 분석할 수 있었답니다.

미국의 달 탐사 계획

같은 시기, 미국 과학자들도 미국이 우주 분야에서 뛰어나다는 것을 증명하기 위해 달 탐사선을 발사하는 데 힘을 쏟았습니다. 1958년, 미국은 달뿐만 아니라 태양계의 여러 행성을 탐사할 목적으로 파이어니어 계획을 시행했어요. 이 계획에 따라 1958년부터 1960년까지 여러 대의 탐사선이 발사되었지요. 당시 탐사선은 달 탐사에 실패했지만, 우주의 여러 정보를 수집해 지구로 보내는 역할을 했답니다.

미국은 파이어니어 계획의 후속 프로젝트로 레인저 계획을 실행했어요. 레인저 계획의 달 탐사선은 달 표면을 정밀하게 촬영하고 사진들을 지구로 전송하는 것이 목표였습니다. 하지만 레인저 계획 초반에 발사된 탐사선들은 달에 도달하지 못하거나, 임무를 수행하지 못한 채 달 상공에서 부서지는 등 성공을 거두지 못했어요. 그러다가 마침내 1964년 7월 28일에 발사한 레인저 7호가 달

표면의 '구름의 바다'를 찍어 보내는 데 성공했습니다. 그 후 레인저 8호와 9호는 달 표면의 사진을 수천 장 찍었답니다.

그다음 해, 미국은 레인저 탐사선이 수행했던 임무를 보완하기 위해서 루너 오비터 계획을 시작했어요. 이는 몇 년 후 발사할 달 착륙선의 착륙 지점을 정하기 위해 달 표면 지도를 더 정확하고 완전하게 만들려는 목적이었지요. 1966년부터 1968년까지 진행된 루너 오비터 계획은 큰 성공을 거두었어요. 달로 보낸 탐사선 다섯 대가 모두 임무를 성공적으로 완수해서 달의 뒷면이 포함된 달 표면 지도(달 면적의 99%)를 자세하고 정확하게 완성할 수 있었답니다.

같은 시기에 미국은 달 표면을 연구해서 표면의 구성 성분을 밝혀내는 서베이어 계획도 진행했어요. 이 모든 것은 아폴로 계획 같은 유인 우주선을 달로 보내기 위한 준비 과정이었습니다.

사람을 달로 보내기 위한 소련과 미국의 노력

경쟁적인 우주 탐사 덕분에 미국과 소련은 탐사를 시작한 지 10년 만에 우주로 물체를 보내는 우주 공학 기술에서 상당한 발전을 이루었습니다. 이후 두 나라는 단순히 우주 탐사선을 발사하는 목표를 넘어서 사람을 우주로 보낸다는 목표를 세웠지요.

먼저 소련이 이 도전에 첫발을 내디뎠습니다. 1961년 4월 12일, 유인 탐사선 보스토크 1호가 108분 동안 지구를 한 바퀴 비행하고 돌아왔어요. 이 탐사선에 탑승했던 우주 비행사 유리 가가린이 세계 최초로 우주를 여행한 사람으로 기록되었습니다.

그로부터 몇 주 뒤인 1961년 5월 25일, 미국의 존 F. 케네디 대통령은 의회 연설에서 1969년까지 미국인 우주 비행사를 달에 보내겠다는 의지를 밝혔습니다. 그리고 미국항공우주국(NASA)은 우주 비행사를 달로 보내기 위한 아폴로 계획을 시작했어요.

이후 1년이 지난 1962년 9월 12일, 케네디 대통령은 달에 사람을 보낼 것이라는 뜻을 다시 한번 내비치면서 "우리는 달에 가기로 했습니다."라는 말을 남겼습니다. 이 연설은 어려운 목표에 도전하는 자세를 보여 주는 연설로 유명해졌어요.

기나긴 준비 과정

물론 아폴로 계획은 쉽게 이루어지지 않았어요. 임무를 성공적으로 완수할 만한 우주 비행사들을 선정해 훈련시키고, 달로 보낼 우주선을 개발하는 데 오랜 시간이 걸렸지요. 기나긴 준비 끝에 마침내 유인 우주선인 아폴로 1호의 발사일이 1967년 2월 21일로 결정되었습니다.

그런데 발사를 한 달 앞둔 1월 27일, 실제와 같은 조건을 갖추고 지상에서 예행연습을 하던 우주선에 불이 났어요. 이 일로 우주 비행사 세 명이 목숨을 잃고 말았지요. 이 사고로 우주선에 사람을 태우려는 계획은 잠시 중단되었고 아폴로 우주선의 기술 점검을 다시 해야 했습니다.

이후 1967년과 1968년에 발사된 아폴로 4호부터 6호까지는 달 착륙선을 발사할 로켓과 달 착륙선을 점검하기 위해서 사람이 탑승하지 않았어요.

그리고 1968년 10월 11일, 아폴로 계획의 첫 유인 우주선인 아폴로 7호의 발사와 함께 유인 달 탐사가 다시 시작되었어요. 세 명의 우주 비행사가 우주로 출발했고, 11일 동안 지구를 돌며 사람이 장시간 우주 공간에 체류할 수 있다는 것을 증명했습니다.

두 달 지난 1968년 12월 21일, 두 번째 유인 우주선인 아폴로 8호가 발사되었어요. 아폴로 8호에 탑승한 우주 비행사 프랭크 보먼, 제임스 로벨 주니어, 윌리엄 앤더스는 지구 궤도를 벗어나 우주에서 처음으로 완전히 둥근 지구 전체의 모습을 보았습니다. 그리고 달 궤도에 진입하여 달을 선회 비행한 뒤에 지구로 돌아왔지요. 이들은 달의 뒷면을 목격한 인류 최초의 인물이에요. 당시 아폴로 8호의 임무는 크게 기사화되어 전 세계 사람들에게 놀라움을 안겼답니다.

이후 미국은 1969년 3월과 5월에 유인 우주선 아폴로 9호와 아폴로 10호를 발사했는데, 이 우주선들은 모두 달 표면에 첫발을 내딛기 위한 예행연습이었습니다.

달을 향한 여정

새턴 5호 로켓(Saturn V)

새턴 5호는 미국항공우주국에서 달 착륙을 목적으로 개발한 3단 로켓이에요. 아폴로 4호, 6호와 8호부터 17호까지 여러 아폴로 계획에서 우주선을 달로 보내는 데 사용되었습니다. 새턴 5호는 지금까지 인류가 개발한 로켓 중 가장 강력한 로켓으로 무게 약 3,000t, 높이 약 110.6m에 달합니다.

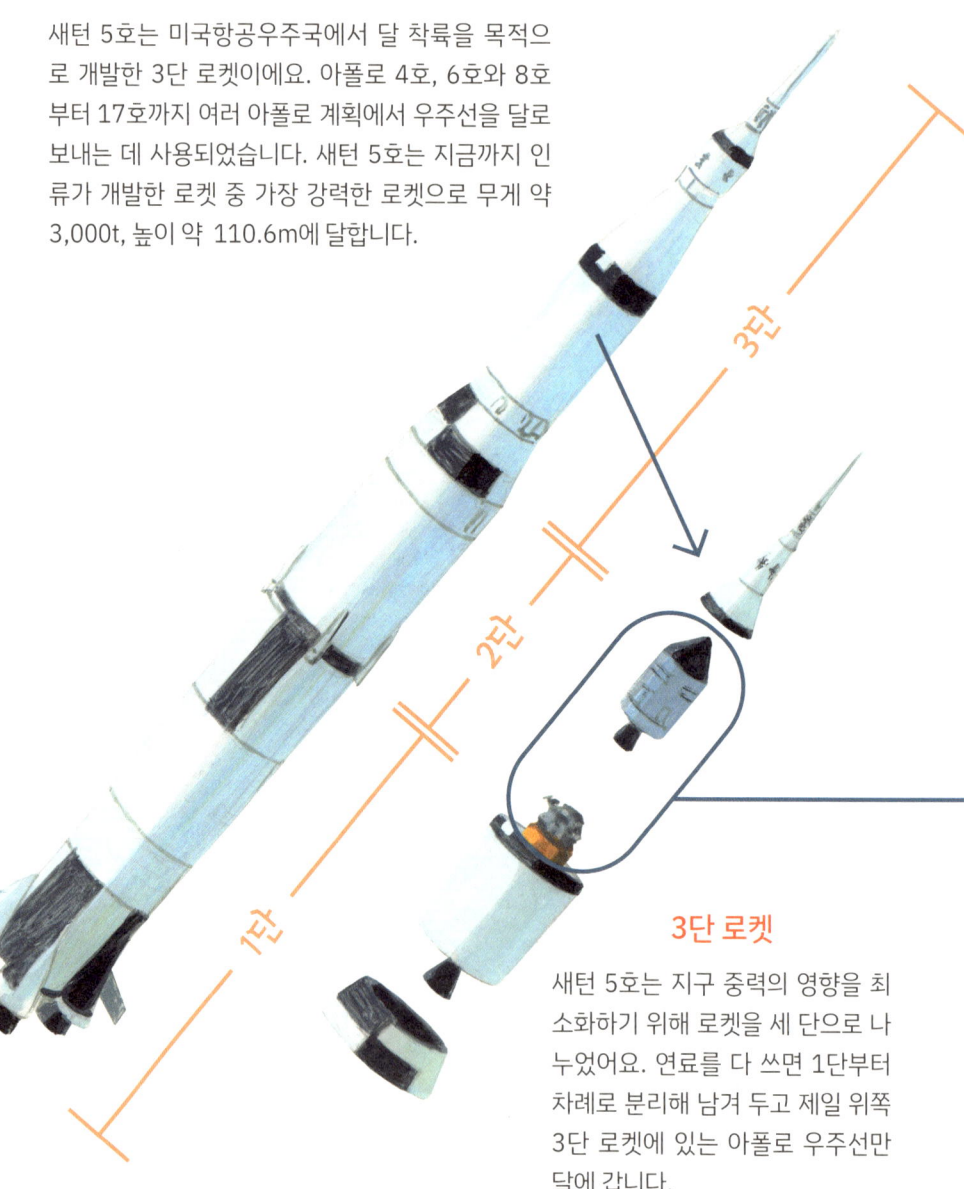

3단 로켓

새턴 5호는 지구 중력의 영향을 최소화하기 위해 로켓을 세 단으로 나누었어요. 연료를 다 쓰면 1단부터 차례로 분리해 남겨 두고 제일 위쪽 3단 로켓에 있는 아폴로 우주선만 달에 갑니다.

기계선

기계선에는 연료 탱크와 산소 탱크가 있고, 우주 비행사들이 전기를 쓸 수 있도록 배터리가 설치되어 있습니다.

사령선

사령선에는 계기판이 있고, 세 명의 우주 비행사가 탑승할 수 있는 좌석이 있어요.

달 착륙선

달 착륙선은 달에 착륙하기 위한 하강부와 임무를 완수한 우주 비행사들을 사령선으로 다시 데려다 줄 상승부로 이루어져 있어요. 아폴로 11호 임무에서 사용된 달 착륙선은 이글이라 불렸어요.

아폴로 우주선

아폴로 우주선에는 달의 궤도에 머무르는 사령선과 기계선, 달 표면으로 내려가는 달 착륙선이 있습니다.

31

1969년 7월 16일, 달을 향하는 거대한 로켓 새턴 5호가 우주 비행사 닐 암스트롱, 버즈 올드린, 마이클 콜린스를 태우고 이륙했다.

약 100만 명의 사람들이 미국의 케네디 우주 센터에 모여 로켓을 발사하는 모습을 지켜보았다.

새턴 5호는 연료를 다 쓴 1단과 2단을 버리고, 3단 로켓을 점화해 지구 궤도에 진입했다.

지구 궤도를 돌던 새턴 5호는 아폴로 11호를 달로 보내기 위해 3단 로켓을 다시 점화했다.

3일 후, 아폴로 11호가 달 궤도에 진입하였고 궤도를 13바퀴 돌고 나서 착륙 지점인 '고요의 바다' 상공에 도달했다.

달 착륙선 이글이 분리되어 달 표면을 향해 갔다. 이때 콜린스는 사령선을 조종하며 혼자 달 궤도에 머물렀다.

달 착륙선에 탑승한 암스트롱과 올드린은 아무도 겪어 보지 못한 경험을 할 준비를 마쳤다.

1969년 7월 20일, 달 착륙선 이글이 고요의 바다에 착륙했다. 드디어 두 우주 비행사가 달 표면에 발을 내디딜 차례가 온 것이다.

1969년 7월 21일 밤, 마침내 닐 암스트롱은 달에 발을 내디딘 첫 번째 사람이 되었다. 그 순간 그는 이런 말을 남겼다.

"한 인간에게는 작은 발걸음이지만,
인류에게 있어서 거대한 도약이다."

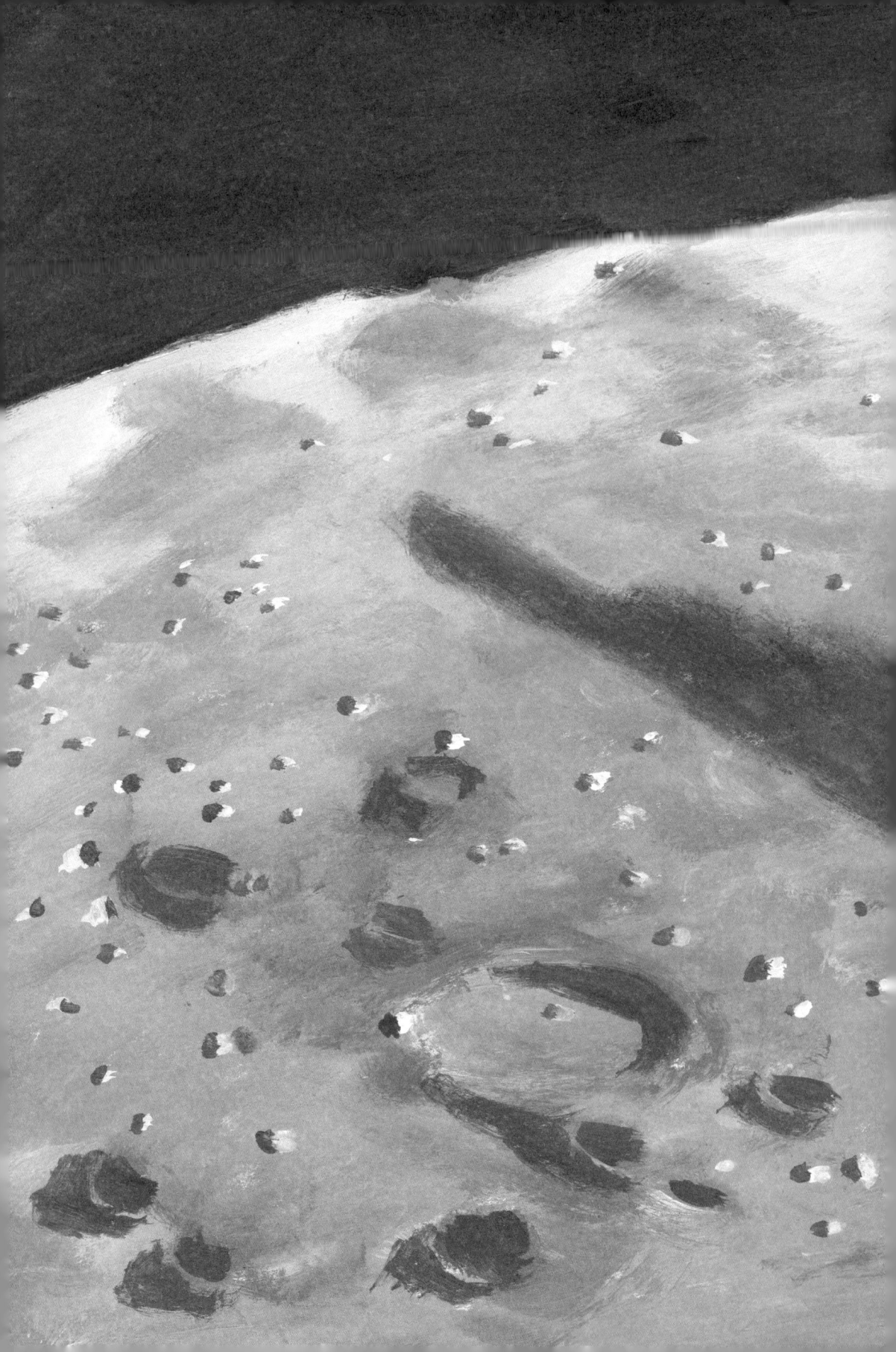

인류 최초로 달에 발을 디딘 사람들

우주선에서 내린 닐 암스트롱은 재빠르게 주변 환경을 탐사하기 시작했어요. 버즈 올드린도 뒤따라 내렸지요. 올드린은 역사상 두 번째로 달 위를 걸은 사람이 되었답니다.

두 우주 비행사는 달에 남겨 둘 기념판을 달 표면에 고정했습니다. 기념판에는 지구의 북반구와 남반구 그림이 그려져 있었어요. 아폴로 11호에 탑승한 우주 비행사 세 명의 서명과 리처드 닉슨 대통령의 서명도 있었지요. 그리고 짧은 글귀가 새겨져 있었는데, 암스트롱은 달에 도착한 직후 이 문장을 소리 내어 읽었답니다.

> "1969년 7월,
> 지구에서 온 인간들이 처음으로 달에 발을 내디뎠다.
> 우리는 평화를 생각하며
> 모든 인류를 대표해 이곳에 왔다."

이어서 암스트롱은 성조기를 펼쳐 달 표면에 꽂았어요. 달에는 대기가 거의 없어서 바람도 불지 않아요. 그래서 깃발을 팽팽하게 고정하려고 깃발 안에 단단한 막대기를 끼웠지요. 달에 미국 국기를 꽂은 행동은 다른 나라보다 먼저 달에 발을 내디뎠다는 것을 보여 주려는 의도였어요. 그리고 두 우주 비행사는 재빠르게 각자 맡은 임무를 수행했습니다.

암스트롱은 달 표면을 먼지처럼 덮고 있는 물질인 레골리스 샘플과 달 암석

표본을 채취했고, 올드린은 사진을 여러 장 찍었어요. 또한 그들은 달 표면의 움직임을 감지하고 기록하는 월진계, 지구와 달의 거리를 측정할 수 있는 레이저 반사 장치 등의 계측기를 설치했지요.

이들은 달 표면에서 약 1km를 돌아다니며 2시간 31분 동안 선외 활동을 했고, 지구에 도착하면 분석할 달 암석 샘플 약 22kg을 채취해 달 착륙선으로 돌아왔습니다.

세계가 함께한 달 착륙 과정

달 착륙선 이글이 달 표면에 내리고 우주 비행사들이 달에 첫발을 내딛는 장면은 수많은 사람의 이목을 끌었어요. 당시 이 순간은 전 세계 텔레비전과 라디오로 생중계되었고 약 5억에서 6억 명의 사람들이 실시간으로 이 순간을 함께했지요. 게다가 세계 여러 나라에서 온 3,500여 명의 기자와 36개가 넘는 방송 채널이 관제 센터가 있는 미국 휴스턴시에서 아폴로 11호의 진행 상황을 보도했어요.

달 착륙선 안에도 카메라를 설치해서 달에 착륙하는 장면과 닐 암스트롱이 달 표면으로 내려가는 장면을 기록할 수 있었어요. 달 착륙선 밖에서는 달 표면에 삼각대를 놓고 카메라를 고정해서 암스트롱과 버즈 올드린의 활동을 촬영했답니다.

미국항공우주국은 달에서 촬영된 영상들을 지구에서 전송받을 수 있도록 미국 캘리포니아주와 호주에 거대한 안테나를 여러 대 설치했어요. 하지만 당시 촬영된 영상들은 화질이 좋지 않아서 2009년에 복원 작업을 진행하기도 했답니다.

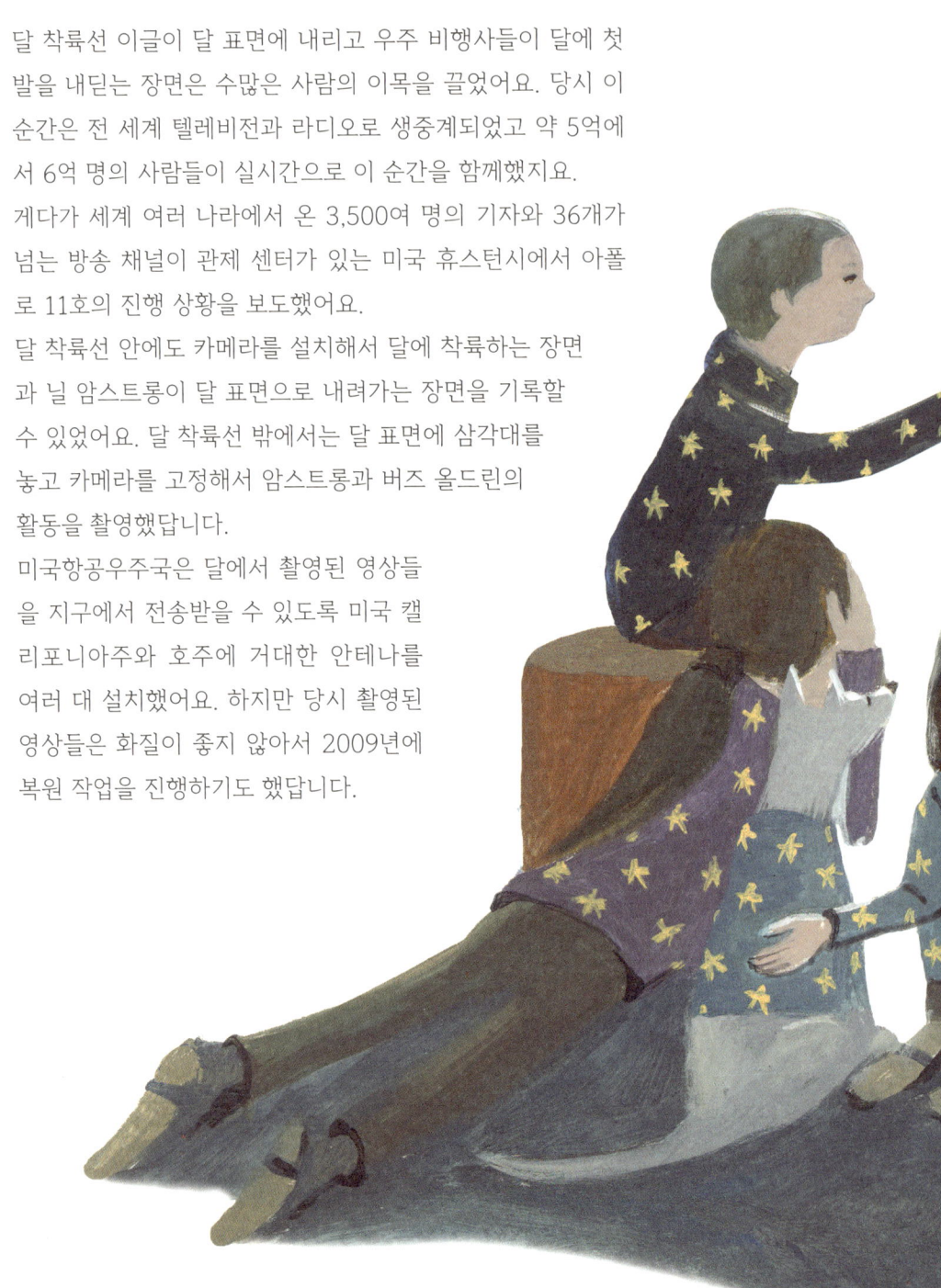

달 착륙 음모론

달에 갔다는 사실을 의심하는 사람들도 있었습니다. 아폴로 11호 계획에 관련된 음모론은 '달의 속임수'라고 불리며 현재까지도 여러 음모론 중 가장 널리 퍼져 있지요. 이 음모론은 미국 작가 윌리엄 찰스 케이싱이 《우리는 달에 가지 않았다: 미국의 300억 달러 사기》라는 책에서 아폴로 11호의 모순을 지적하면서 시작되었어요. 그는 1969년 7월에 생중계된 영상들은 모두 미국항공우주국이 1968년에 개봉한 영화 〈2001 스페이스 오디세이〉의 감독과 협업해 스튜디오에서 촬영한 것이라고 주장했어요.

음모론자들이 제일 먼저 의문을 제기하는 부분은 닐 암스트롱이 달 착륙선에서 내려와 달 표면에 꽂은 성조기예요. 달에는 대기가 거의 없는데, 깃발이 펄럭였다는 것이지요. 하지만 실제로 깃발은 펄럭이지 않았어요. 달까지 오는 동안 접혀 있던 깃발을 막대기로 고정시키면서 그렇게 보인 것뿐이에요.

또 별이 보이지 않아서 수상하다는 주장도 꾸준히 제기되고 있어요. 하늘이 깜깜한데 별이 없는 건 스튜디오에서 촬영했기 때문이라고 의심하는 것이지요. 하지만 당시 달은 낮이었고 햇빛이 강해서 별을 볼 수 없었어요. 그리고 달에는 대기가 거의 없기 때문에 하늘이 항상 깜깜하답니다.

달 이곳저곳을 탐사한 아폴로 계획

아폴로 11호의 성공은 여러 해 동안 쌓아 올린 미국 과학 기술 발전의 결실이었어요. 또한 앞으로 더 광범위하게 진행될 달 탐사 계획의 시작이기도 했지요. 이후 진행한 모든 계획의 목표는 매번 달의 다른 지점에 착륙해서 달의 환경을 조사하는 것이었어요.

1969년 11월에 아폴로 12호가 '폭풍우의 대양'에 착륙했고, 우주 비행사 찰스 콘라드와 앨런 빈은 달에 관측 장비를 설치했어요. 이 장비는 달의 대기, 표면과 지하에 대한 여러 정보를 지구로 전송할 수 있었습니다.

이들은 달에서 지질을 조사하고 사진을 촬영하며 달 표면에서 약 34kg의 샘플을 채취했어요. 아폴로 12호의 우주 비행사들은 두 번의 선외 활동을 하며 아폴로 11호의 우주 비행사들보다 두 배나 더 많이(2km) 돌아다녔답니다.

영화보다 더 영화 같았던 아폴로 13호

1970년 4월 11일, 새로운 임무를 맡은 아폴로 13호가 이륙했어요. 이번 계획은 소행성과의 충돌로 만들어진 구덩이인 프라 마우로 크레이터 지역에 착륙하는 것이었지요. 프라 마우로 크레이터는 소행성이 충돌했을 때 지하의 용암이 분출하여 형성된 지역으로 예측됩니다.

지구에서 떠나 달로 가는 도중, 우주 비행사들이 탑승한 사령선 뒤쪽의 기계선에서 산소 탱크가 폭발했어요. 예기치 못한 사고가 발생하자, 우주 비행사 짐 러블은 "휴스턴, 문제가 생겼다."라고 말하고 상황을 파악하기 시작했어요. 폭발로 인해 산소가 우주로 새어 나갔고 전기 공급이 일부 끊겼지요. 이들은 달 착륙선 아쿠아리우스를 구명정으로 활용하기로 했어요. 원래 계획대로라면 아쿠아리우스는 우주 비행사들이 타고 달에 내려갈 우주선이었지요. 아쿠아리우스는 두 사람만 탑승할 수 있게 설계되었지만, 팀원 세 명이 함께 탑승해야 했어요. 다행히 여기에는 우주 비행사들이 생존할 수 있는 최소한의 산소와 전기가 있어 겨우 버틸 수 있었지요. 그래도 달 착륙선이 사고가 난 지점에서 유턴하는 것은 위험해서 원래 계획대로 달까지 갔다가 달 궤도를 돌아서 지구로 귀환하는 방법을 택했어요.

마침내 달 착륙선이 태평양에 내려왔을 때 태평양에는 미국 함대 소속의 배가 우주 비행사들을 데려가기 위해 기다리고 있었습니다. 다행히 모두 무사했고, 이 사건은 아직도 '성공적인 실패'로 기억되고 있어요. 이후 이 사고를 바탕으로 론 하워드 감독의 영화 〈아폴로13〉이 만들어지기도 했답니다.

1971년 2월, 아폴로 13호가 착륙하려다 실패한 프라 마우로 크레이터 지역에 아폴로 14호가 도착했어요. 아폴로 14호의 우주 비행사 앨런 셰퍼드와 에드가 미첼은 9시간이 넘는 두 번의 선외 활동으로 약 43kg의 달 암석 샘플을 채취했어요. 두 번째 선외 활동이 끝나고 사령선으로 돌아가기 위해 달 착륙선 탑승을 준비하던 중 셰퍼드는 색다른 시도를 했습니다. 그는 준비해 간 골프공과 골프채 헤드를 꺼내 암석 집게에 헤드를 연결한 뒤, 공을 쳐서 멀리 날려 보냈어요. 앨런 셰퍼드는 인류 최초로 달에서 골프를 친 사람이 되었답니다.

1971년 7월 말, 우주 공학 기술의 상당한 발전으로 아폴로 15호는 월면차를 싣고 이륙했습니다. 월면차는 달 표면 위를 달리며 사람과 자재를 수송할 수

있는 작은 자동차예요. 아폴로 15호에 탑승한 우주 비행사들은 18시간이 넘는 선외 활동을 포함해 총 2일 18시간을 달에서 보냈어요. 월면차 덕분에 우주 비행사들이 더 먼 거리를 이동할 수 있게 되면서 무려 28km 이상을 돌아다녔답니다.

1972년 4월에는 아폴로 16호, 12월에는 아폴로 17호가 각각 계획을 수행했어요. 아폴로 17호의 우주 비행사 유진 서난과 해리슨 슈미트는 아폴로 계획 중 가장 많은 달 암석 샘플(111kg)을 채취해 왔어요.

하지만 1972년은 미국이 달에 사람을 보낸 마지막 해였습니다. 우주 탐사에 들어가는 비용이 너무 커서 계속 예산을 투입하기 힘들어졌거든요. 그래서 예정되어 있던 아폴로 18호, 19호, 20호 계획을 취소할 수밖에 없었답니다.

소련의 월면차 루노호트

1970년, 그때까지 유인 탐사 계획에 실패했던 소련은 루나 17호를 통해 원격 조종 월면차 루노호트 1호를 달로 보내는 데 성공했어요. 루노호트 1호는 사진 촬영과 현장에서 채취한 샘플을 분석하는 임무를 수행했지요.

1973년 1월, 1호보다 더 개선된 루노호트 2호가 달에 보내졌고, 달 표면에서 40km 이상을 돌아다녔습니다. 소련은 1970년부터 1976년까지 루나 계획을 통해서 약 326g의 달 암석 샘플을 채취했어요.

오랜 달 탐사의 성과

달에 도착한 사람들: 3년동안 12명

닐 암스트롱 · 버즈 올드린 · 찰스 콘라드 · 앨런 빈 · 앨런 셰퍼드 · 에드가 미첼

데이비드 스코트 · 제임스 어윈 · 존 영 · 찰스 듀크 · 유진 서난 · 해리슨 슈미트

사람이 달 표면을 돌아다닌 거리: 약 100km

아폴로 11호 — 1km   아폴로 12호 — 2km   아폴로 14호 — 4km

달에서 가져온 암석: 약 382kg(아폴로 계획, 루나 계획)

아폴로 11호
22kg

아폴로 12호
34kg

아폴로 14호
43kg

아폴로 15호
77kg

아폴로 16호
95kg

아폴로 17호
111kg

루나 16호
101g

루나 20호
55g

루나 24호
170g

아폴로 15호
28km

아폴로 16호
26.7km

아폴로 17호
36km

달 암석 연구

아폴로 임무를 수행한 우주 비행사들은 달 표면의 6개 지역에서 약 382kg의 암석 샘플을 채취해 지구로 가져왔습니다.

현재 달 암석 샘플의 대부분은 미국항공우주국 달 샘플 연구소에 보관되어 있어요. 일부는 미국 뉴멕시코주의 화이트 샌즈 실험실에 있고요. 과학자들이 암석을 연구하고 싶다면 특별 신청서를 작성해서 자신이 일하는 연구소로 샘플을 받아볼 수 있답니다.

아폴로 17호가 가져온 암석 일부는 다른 나라에 제공되기도 했어요. 캐나다와 프랑스 정부는 '선의의 달 암석'이라고 부르는 달 암석 샘플을 받았지요.

나머지 샘플들은 연구하지 않고, 진공 상태로 보관하거나 액체 헬륨이 담긴 용기에 보관하고 있어요. 훗날 기술이 더 발전해서 과학자들이 정확하게 암석

을 분석할 수 있도록 남겨 두는 것입니다.

2019년 12월에 미국항공우주국은 보관 중이던 샘플 일부를 꺼냈습니다. 그리고 미국 메릴랜드주의 고더드 우주 비행 센터에서 우주 화학자들이 아폴로 17호 임무 당시 타우루스-리트로 계곡에서 채취했던 레골리스 샘플을 연구하기 시작했지요. 이 샘플에 함유된 화학 성분을 분석하기에 충분할 만큼 장비들이 정교해졌기 때문이에요.

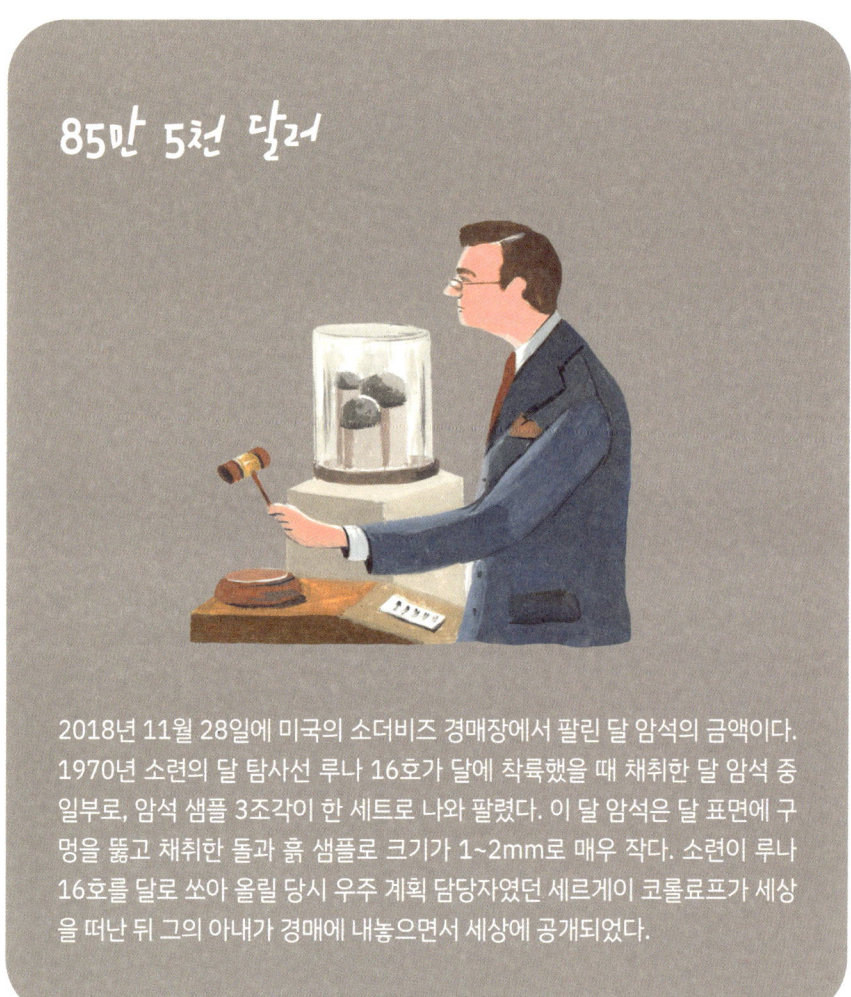

85만 5천 달러

2018년 11월 28일에 미국의 소더비즈 경매장에서 팔린 달 암석의 금액이다. 1970년 소련의 달 탐사선 루나 16호가 달에 착륙했을 때 채취한 달 암석 중 일부로, 암석 샘플 3조각이 한 세트로 나와 팔렸다. 이 달 암석은 달 표면에 구멍을 뚫고 채취한 돌과 흙 샘플로 크기가 1~2mm로 매우 작다. 소련이 루나 16호를 달로 쏘아 올릴 당시 우주 계획 담당자였던 세르게이 코롤료프가 세상을 떠난 뒤 그의 아내가 경매에 내놓으면서 세상에 공개되었다.

달에서 발견한 물의 흔적

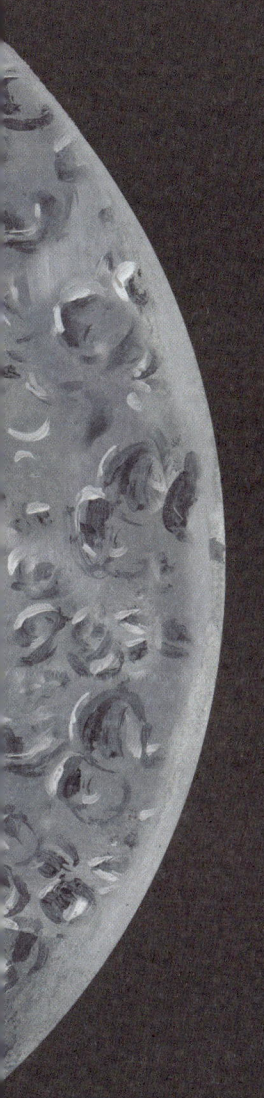

한동안 우주의 다른 행성 연구에 전념했던 미국항공우주국은 아폴로 계획을 종료한 지 20여 년 만에 다시 달에 관심을 갖기 시작했습니다.

미국항공우주국은 1994년에 달 탐사선 클레멘타인을 발사했어요. 여러 대의 카메라가 장착된 클레멘타인은 달 표면 지도를 정확하게 그려 냈고, 그 덕분에 달에서 물의 흔적을 발견할 수 있었지요.

또 1999년에는 루너 프로스펙터를 발사했습니다. 루너 프로스펙터는 달 표면에 물이 있는지와 같은 인류에게 필요한 정보를 더 정밀하고 과학적으로 밝혀내는 임무를 맡았어요. 전보다 성능이 개선된 여러 종류의 측정기를 장착하고 달 궤도를 돌면서 달 표면에 있는 화학 성분을 분석했지요. 임무를 시작한 지 22개월 후, 중성자 검출기를 이용해서 달의 극지방에 얼음이 있을 가능성을 확인했답니다.

2008년 10월, 인도우주연구소(ISRO)에서 발사한 달 탐사선 찬드라얀 1호가 달의 극지방에 있는 여러 개의 크레이터에서 얼음을 발견했어요.

그리고 2009년 6월에 미국항공우주국은 물의 존재를 확인하려고 두 개의 달 탐사선(달 탐사 궤도선, 달 크레이터 관측 및 감지 위성)을 발사했습니다.

그로부터 10년이 지난 2018년 8월에 미국항공우주국은 인도의 달 탐사선 찬드라얀 1호가 발견한 모든 정보를 다시 연구하여, 햇빛이 한 번도 닿지 않았던 크레이터의 바닥에 얼음 형태의 물이 존재한다는 사실을 최종 발표했습니다. 수백만 년 전 또는 수십억 년 전, 달이 혜성과 충돌할 때 옮겨졌을 것이라는 분석도 함께였지요.

달을 향한 새로운 도전

달 탐사를 시작한 나라들

제2차 세계대전 이후 이어졌던 냉전이 1991년에 종식되고 새로운 세계가 펼쳐지면서 우주 공학 분야에도 자신들이 쌓아온 기술을 입증하고 싶어 하는 나라들이 등장했습니다.

중국의 달 탐사

그중 하나인 중국이 달 탐사 프로그램인 창어 계획을 시행했어요. 중국국가항천국(CNSA)은 2007년 창어 1호를 발사해 달 궤도를 돌며 달 탐사를 시작했습니다. 이후 창어 3호를 달에 착륙시키면서 중국은 소련, 미국에 이어 세 번째로 본격적인 우주 경쟁에 뛰어들었어요.

2019년, 창어 4호는 세계 최초로 달의 뒷면에 있는 본 카르만 크레이터에 착륙했습니다. 우리가 보는 앞면이 아닌 달의 뒷면은 탐사선이 접근하기 어려워서 밝혀진 내용이 거의 없었어요. 창어 4호는 달에 착륙한 뒤 경사로를 펼쳐 작은 탐사차 위투 2호를 내려보냈어요. 위투 2호는 달 뒷면을 탐사하고 달 표면에 있는 암석의 성분을 밝혀내는 임무를 맡았지요.

위투 2호는 한 크레이터의 표면에서 예사롭지 않은 물질을 발견했어요. 중국의 발표에 따르면, 처음 보는 색을 띤 젤 형태의 끈적끈적한 물질이며 현재까지 어떤 탐사선도 발견한 적이 없었다고 해요.

2020년 말, 중국이 발사한 달 탐사선 창어 5호는 달 토양 샘플을 채취해 돌아왔습니다. 이 샘플을 연구한 과학자들은 창어 5호가 표본을 수집한 곳에서 13억 년 전쯤 화산 분출이 일어났으리라 추정하고 있어요. 창어 계획에 따라 진행되고 있는 중국의 목표는 2030년대에 유인 달 탐사 우주선 발사와 국제 달 연구 기지 건설입니다.

한국의 달 탐사

한국 역시 우주 강국으로 도약하기 위해 달 탐사에 관심을 기울여 왔습니다. 2007년부터 달 탐사선과 달 착륙선을 발사하기 위한 계획을 세웠으나, 예산과 기술 문제 등의 이유로 지연되었지요.
이후 2016년에 세운 달 탐사 1단계 개발 계획에 따라 다누리 개발 사업이 시작되었어요. 2022년 8월 5일, 한국이 독자 개발한 대한민국 최초의 달 탐사선 다누리호가 미국의 케이프커내버럴 우주국 기지에서 발사되었답니다.
다누리호는 달 상공을 돌면서 달의 표면을 관측하는 탐사선이에요. 달 착륙선의 착륙 후보지 탐색, 달 관측 및 과학 연구, 자원 탐사 등을 수행해요.
다누리호의 이름은 순우리말인 달과 누리를 더한 것으로 달을 모두 누리고 오길 바라는 마음과 한국 최초의 달 탐사가 성공하길 기원하는 의미를 담고 있습니다.
다누리호는 발사체로부터 성공적으로 분리되어 목표 궤도에 안정적으로 진입하였고 지상과 첫 교신에도 성공했습니다. 다누리호는 연료 절약을 위해 달로 직진하지 않고 달 전이 궤도를 따라 약 6,000,000km를 돌아가기로 했어요.
2022년 12월 27일, 다누리호가 발사 145일 만에 임무 궤도에 안착했습니다. 궤도에 성공적으로 진입한 다누리호는 2023년 1월부터 1년 동안 달 관측 및 극지방 촬영 등을 수행한다고 해요.
현재까지 미국, 러시아, 일본, 인도, 유럽, 중국이 달 탐사에 성공했고 다누리호 발사에 성공하면서 우리나라가 일곱 번째 달 탐사국 지위에 올랐습니다. 한국은 다음 단계인 달 착륙선을 발사하기 위한 준비에 돌입해서 2030년대 초반에 달 착륙선을 발사할 계획이에요.

또 다른 나라들

세계 여러 국가가 달을 향한 경쟁에 뛰어들고 있습니다. 달에 탐사선을 착륙시키는 데 성공한 러시아, 미국, 중국뿐만 아니라 달 궤도에 진입한 한국, 인도, 이스라엘, 일본 등이 달 탐사를 본격화하고 있지요.

인도는 2008년 10월 22일에 최초의 무인 달 탐사선인 찬드라얀 1호를 발사했습니다. 같은 해 11월 8일, 찬드라얀 1호는 달 궤도에 진입해 달 표면 촬영 등의 임무를 수행했지만, 312일 만에 통신이 두절되고 말았어요. 이후 2019년 7월 22일에 인도는 달 탐사선 찬드라얀 2호를 발사했어요. 그리고 같은 해 9월 6일, 찬드라얀 2호의 달 착륙선 비크람이 달 표면으로 하강하기 시작했지요. 하지만 달 표면까지 2km 남겨둔 지점에서 비크람과의 교신이 끊어졌어요. 결국 12월, 인도는 비크람이 달에 착륙하지 못하고 달 표면에 충돌했다고 발표했답니다.

이스라엘은 2019년 2월 22일 민간 기업이 개발한 무인 달 탐사선 베레시트를 발사했습니다. 베레시트는 달 궤도에 순조롭게 진입하며 달을 향해 가고 있었어요. 그러던 중 2019년 4월 11일, 달 표면에 접근하여 고요의 바다에 착륙을 시도하다가 부딪치며 실패했어요. 그럼에도 이스라엘은 달에 착륙하기 위한 새로운 도전을 계속할 것이라고 발표했지요.

일본은 1990년 1월 달 탐사선 히텐을 발사해 달 궤도에 진입시켰어요. 이 궤도선의 통신용 송신기는 작동하지 않았으나 궤도 자체는 확인되었다고 합니다. 2022년 12월 11일, 일본의 기업 아이스페이스는 미국의 케이

프커내버럴 우주국 기지 40번 발사대에서 자체 개발한 달 착륙선 미션1을 스페이스엑스의 팰컨9 로켓에 실어 발사하며 계속 달 탐사에 도전하고 있지요. 소련은 1991년에 붕괴되었지만 러시아는 달 탐사를 향한 열망을 버리지 않았어요. 러시아는 더 이상 유인 달 탐사는 진행하지 않고 대신 새로운 달 탐사 로봇 루나 25호, 26호, 27호, 28호, 29호를 차례로 발사할 계획을 세우며 달 탐사에 도전하고 있답니다.

새로운 도전 '아르테미스'

2004년, 미국의 조지 부시 대통령은 새로운 우주 탐사 프로젝트인 컨스텔레이션 계획을 발표했어요. 컨스텔레이션 계획은 달에 유인 우주선을 다시 보내고, 더 나아가 태양계의 다른 행성에도 유인 우주선을 보내 탐사하는 것이었지요. 하지만 서브프라임 모기지 사태가 발생하면서 이 프로젝트에 드는 막대한 비용을 감당할 수 없었어요. 결국 버락 오바마 대통령은 2010년에 이 계획을 포기하기로 결정했답니다.

이후 과학 연구를 위한 달 탐사의 필요성이 커지고 많은 국가가 우주에 관심을 보이자 2017년, 미국도 도널드 트럼프 대통령이 우주 정책 명령 1호에 서명하면서 유인 달 탐사 재개를 공식화했습니다.

미국의 우주 탐사 목표는 달에 우주 비행사를 보내고 이를 토대로 유인 화성 탐사를 준비하는 것이에요.

새로운 계획에는 고대 그리스 신화에 등장하는 달의 여신이자, 아폴로의 쌍둥이인 아르테미스의 이름이 붙었어요. 인류 최초의 달 착륙 유인 우주 비행 계획이었던 아폴로 계획이 여섯 차례의 달 착륙을 이루어 낸 것처럼 달 착륙 성과를 남기자는 뜻과 인류의 첫 여성 우주인이 달을 밟게 될 예정이라는 의미지요.

아르테미스 계획은 아폴로 17호가 마지막 임무를 수행한 지 45년 만인 2017년에 시작되어 2020년부터 본격화되었습니다. 아르테미스 계획은 총 세 단계로 진행되는데, 1단계인 아르테미스 1호는 지구와 달을 왕복 비행하고 우주 비행사의 탑승 없이 우주선 오리온을 달 궤도에 진입시켜서 안전성과 기능을 검증하는 것을 목표로 합니다.

이에 따라 2022년 11월 16일 아르테미스 1호가 발사되었고, 발사 6일째 달 궤도에 진입해 내부 장치의 작동을 확인하는 등의 임무를 수행했어요. 그리고 과거 아폴로 12호와 14호가 착륙했던 지점을 차례로 통과한 후, 발사 25일 만인 12월 11일에 무사히 지구로 귀환했지요. 아르테미스 1호 비행을 통해 얻은 각종 데이터를 향후 프로젝트에 반영한다고 해요.

2단계인 아르테미스 2호는 우주 비행사를 태운 우주선 오리온이 달 궤도를 돌아 지구로 오는 유인 비행을 하고, 3단계인 아르테미스 3호는 유색 인종과 여성을 포함한 우주 비행사들이 달의 남극에 착륙해 일주일간 탐사 활동을 하고 돌아올 예정이에요.

아르테미스 계획은 미국항공우주국뿐만 아니라 캐나다, 호주, 아랍 에미리트 연합국 등 세계 23개국의 우주 기구와 우주 관련 민간 기업들까지 연계된 대규모 국제 프로젝트입니다. 한국도 2021년 아르테미스 약정에 서명하면서 이 계획의 열 번째 참여국이 되었지요.

우주 정거장의 과거와 미래

1960년대부터 우주에 관한 관심은 항상 정치적 이익과 얽혀 있었어요. 하지만 시간이 흐르면서 정치적 경쟁뿐만 아니라 달 탐사를 통해 얻을 수 있는 과학적 이익도 우주 탐사에 도전하는 이유가 되고 있지요.

1998년에는 미국과 러시아를 비롯한 세계 각국이 참여하여 공동으로 연구할 수 있는 국제 우주 정거장을 건설했습니다. 우주에 설치된 이 거대한 실험실은 약 400km 상공의 지구 저궤도에 떠 있으면서 하루에도 여러 차례 지구를 공전하고 있어요.

우주 정거장에서는 여섯 명의 우주 비행사가 3개월에서 6개월 동안 머무르며 여러 가지 과학 실험을 합니다. 또한 우주 정거장을 좋은 상태로 유지하기 위한 정비 작업도 우주 비행사들의 임무지요.

하지만 시간이 흐를수록 우주 정거장의 부품들이 낡으면서 400t이 넘는 정거장을 유지하는 비용이 점점 더 늘어났어요. 결국 미국항공우주국은 우주 정거장을 2030년까지만 운영하기로 합의했습니다. 우주 정거장은 2031년 1월에 궤도에서 이탈해 지구 대기권에 안전하게 재진입시켜 수장한 뒤, 민간 기업에

이양할 전망입니다.

여러 국가가 함께 낡은 우주 정거장을 대체할 새로운 방법을 찾았어요. 2017년 4월에 미국항공우주국은 새로운 우주 정거장으로 달 궤도를 도는 루너 게이트웨이 계획을 발표했어요. 그리고 2018년에는 유럽우주국(ESA)이 루너 게이트웨이 계획에 협력하겠다고 했지요. 유럽우주국은 새로운 우주 정거장을 구성하는 여러 모듈 중 두 개를 제작한다고 해요.

미국항공우주국이 세운 일정에 따르면 2024년에 첫 번째 모듈을 발사하기 시작해서 그 후로 계속 우주에서 루너 게이트웨이를 조립할 예정이에요. 이 계획은 향후 2030년까지 계속될 것입니다.

우주 비행사들은 루너 게이트웨이의 거주 모듈이 완성되면 새로운 우주 정거장에서 여러 실험을 진행할 예정이에요. 루너 게이트웨이는 기존의 우주 정거장과 다르게 우주 비행사들이 오랫동안 지낼 수 없고 1년에 최소 한 팀씩 40일 정도 머무를 수 있어요. 새로운 우주 정거장의 목표는 화성처럼 지구에서 먼 곳에서 가서 오랜 기간 임무를 수행할 수 있도록 우주 비행사들이 우주 공간에서 훈련하는 장소가 되는 것이에요.

화성으로 가는 중간 기착지

여러 나라가 달에 다시 관심을 두게 된 이유는 달 탐사를 발판 삼아 화성을 비롯한 멀리 있는 우주 행성으로 가는 문을 열 수 있기 때문입니다.

세계 각국의 항공 우주 연구 기관들은 유인 화성 탐사를 비롯해 태양계를 심도 있게 탐사하겠다는 의지를 드러내며 우주 탐사 도전에 나섰어요. 따라서 앞으로 다가올 수십 년 동안 우주 과학은 더욱 크게 발전할 것입니다.

하지만 화성을 탐사할 준비가 되었다고 해도 최소 6개월은 우주 비행을 해야 화성에 발을 내디딜 수 있어요. 화성을 탐사하는 우주 비행사들은 지구로 빨리 귀환할 수 없고, 문제가 생기면 혼자서 해결해야 하기 때문에 여러 상황에 완벽하게 준비되어 있어야 합니다.

그래서 지구에서 380,000km 떨어져 있어 며칠이면 도착하는 달은 아주 이상적인 훈련 장소입니다. 달에 사람과 물자를 안전하게 수송하는 일, 우주 비행사들이 무중력 상태로 지내며 우주 기지처럼 기반 시설을 세우는 일, 그곳에서 우주 농업 실험을 수행하는 훈련 등을 할 수 있어요.

게다가 화성 탐사 횟수가 늘면 달에 건설된 상설 기지는 우주 비행사들에게 지구와 화성 사이의 중간 기착지 역할을 할 수 있을 거예요.

국제 달 기지 건설 계획

달에서 오래 지낼 수 있는 다양한 방법을 연구하는 사람들은 이제 본격적으로 달에 기지를 건설하기로 했어요. 2015년 당시 유럽우주국을 이끌던 얀 베르너 국장은 전 세계 우주 비행사들이 머무를 수 있는 국제 달 기지 건설 계획을 발표했습니다.

그리고 2019년 1월, 유럽우주국은 달 기지를 건설하려는 프랑스 항공 우주 기업인 아리안 그룹에 건설 계획의 타당성 조사를 요청했어요. 아리안 그룹은 우선 우주선을 안전하게 달로 보낼 방법을 찾아야 했어요. 그런 다음 우주 비행사들이 지구로부터 물자를 공급받지 않고 달에 있는 자원을 활용해 달에서 직접 물이나 산소를 얻을 방법을 연구해야 했지요.

아리안 그룹이 이런 문제들의 기술적 해결 방안을 찾는 동안 유럽우주국은 무인 우주선을 발사할 예정이에요. 무인 우주선 발사 계획은 2025년쯤 예정된 유인 우주선 발사를 위한 준비랍니다.

과학 영화의 명작

1968년에 개봉한 영화 〈2001 스페이스 오디세이〉는 스탠리 큐브릭 감독이 연출한 작품이에요. 스탠리 큐브릭과 함께 시나리오를 썼던 유명 소설가 아서 C. 클라크는 1999년을 배경으로 달을 식민 지배하는 상상 속 미래 사회를 그려 냈어요. 영화에는 달 남극 부근에 있는 클라비우스 기지에서 일하는 과학자들의 모습도 나온답니다.

현재 유럽우주국 소속 엔지니어들은 달 기지를 어떤 형태로 건설할 수 있을지 연구하고 있어요. 최근 연구에 따르면 달 기지는 공기 주입식 돔 형태가 될 가능성이 높아요. 3D 프린터를 이용해 달에서 직접 만들어서 우주 비행사들이 도착하기 전에 로봇들이 기지를 설치할 것이라고 해요. 이 구조물은 달에 존재하는 아주 강하고 위험한 우주 방사선을 막아 준답니다.

중국국가항천국도 유럽우주국처럼 달에 상설 기지를 구축할 계획을 발표했어요. 이처럼 여러 나라에서 우주 비행사들이 거주할 수 있는 기반 시설들을 점차 만들어 나갈 계획입니다.

달의 자원

달에 상설 기지를 세운다는 계획이 실현될 가능성은 점점 더 커지고 있어요. 왜냐하면 달에서 지낼 우주 비행사들에게 달의 자원을 이용하게 할 예정이기 때문이에요.

먼저 달의 남극과 북극에 얼음 형태로 물이 존재한다는 사실이 확인되면서 물을 활용하는 방법을 연구하고 있어요. 물에 있는 산소와 수소 분자는 로켓의 연료를 만들 때 사용될 수도 있지요.

또 달 표면은 암석 부스러기와 먼지 등이 뒤섞인 레골리스로 덮여 있어요. 레골리스는 강한 압력을 견디는 튼튼한 물질로 과학계에서는 수년 전부터 달 기지를 만들 건축 자재로 주목해 왔습니다. 3D 프린터로 달 현장에서 레골리스 벽돌을 만들면 운송 비용도 크게 줄일 수 있지요.

더 나아가 과학자들은 우주 비행사들이 달에서 계속 지낼 수 있도록 달에서 직접 식량을 생산하는 방

법도 연구하고 있어요. 우주 정거장에서는 이미 우주 농업 실험이 여러 차례 진행된 적이 있답니다. 우주 정거장에서 우주 비행사들은 상추를 키워 냈고 그곳에서 바로 먹기도 했어요.

2018년까지는 달에서 이런 실험을 한 적이 없었어요. 그런데 2019년 1월에 창어 4호가 달의 뒷면에 착륙했을 때 우주 비행사들이 달에 가져간 씨앗으로 식물을 키우는 실험을 했어요. 이 실험의 목적은 달에 씨앗을 심는 것이 아니라, 지구와 같은 환경을 만들면 그 안에서 씨앗이 발아할 수 있는지를 확인하는 것이었어요. 과학자들은 지름 16cm의 작은 금속 상자에 목화, 감자, 유채의 씨앗을 심었고 이 중 목화씨가 발아에 성공했어요.

그런데 금속 상자의 내부 온도를 영상 25℃로 유지해 주는 장치가 고장 나면서 곧바로 온도가 영하 52℃까지 뚝 떨어졌고, 결국 발아한 식물들은 모두 얼어 버렸지요. 이 실험은 아쉽게 끝났지만 달에서 살아남기 위한 실험은 계속 이어지고 있답니다.

국제 달 조약

1960년대 미국과 소련의 달 탐사는 우주 전쟁이라 불릴 정도로 경쟁적이었어요. 그래서 국제연합(UN)은 두 강대국이 달에 대한 소유권을 주장하거나 훗날 처음으로 도착하는 다른 행성들에 대한 소유권을 주장하는 일이 벌어지지 않도록 우주의 법을 만들기로 했답니다. 이 법은 각 국가가 우주에서 해도 되는 행동과 하면 안 되는 행동들을 규정한 조약이에요.

1963년부터 국제연합은 결의문을 통해 우주는 모든 인류의 재산으로 탐사되어야 한다고 규정했어요. 어떤 나라도 우주 공간과 천체(별, 행성, 소행성 등)에 있는 영토에 대한 소유권을 주장할 수 없어요.

우주 탐사가 계속되면서 1967년에는 우주 조약이 만들어졌어요. 1963년에 작성된 결의문의 원칙을 그대로 계승했고, 여기에 모든 나라는 달과 다른 행성에 군사 기지나 방어 시설, 무기를 설치하면 안 된다는 내용을 추가했어요. 다른 나라를 위협하려는 목적으로 핵무기를 궤도에 올리는 행위도 금지했지요. 현재 이 조약은 여전히 효력이 유지되고 있으며 전 세계 대부분의 국가에서 승인되었답니다.

1979년에는 또 다른 조약이 체결되었는데, 특별히 달을 이용하는 행위에 관한 규정을 추가했어요. 이 조약은 모두가 달의 주인이며 달은 인류의 공동 재산이라고 정의했어요. 따라서 아무도 달의 소유권을 주장할 수 없답니다.

우주 탐사에 도전하는 기업

세계의 여러 기업들이 우주 관광 개발에 초점을 맞춰 우주선 개발 및 항공 분야에 진출하고 있어요. 앞으로 이런 움직임이 더 활발해질 전망이라고 해요.

스페이스X

2002년: 페이팔 사업으로 큰 성공을 한 일론 머스크가 스페이스X를 설립했다. (일론 머스크는 테슬라의 최고 경영자이기도 하다.)

2008년: 미국항공우주국과 우주 정거장에 있는 우주 비행사들에게 조달할 물자를 수송하는 계약을 체결했다.

2014년: 스페이스X가 항공기 제작 기업 보잉과 함께 국제 우주 정거장에 인력을 수송하는 우주선 개발 업체로 선정되었다.

2023년: '디어 문 프로젝트'를 통해 9명의 문화 예술인이 스페이스X를 타고 달 여행을 갈 예정이다.

일론 머스크

블루 오리진

2000년: 아마존의 최고경영자인 제프 베이조스가 블루 오리진을 설립했다.

2015년: 로켓 뉴 셰퍼드의 첫 번째 발사에 성공했다. 뉴 셰퍼드는 우주 관광객을 태우고 지구 상공 약 100km 지점의 우주까지 갈 수 있게 설계된 재사용이 가능한 로켓이다.

2019년: 달 착륙선 블루문을 개발하고 있다. 유인 달 탐사선 발사 임무에 미국항공우주국과 함께 참여하는 목표를 세우고 진행 중이다.

2021년: 유인 우주 비행에 대한 개발을 지속해서 7월에는 우주 관광을 목적으로 민간인 탑승객이 탄 뉴 셰퍼드 발사에 성공했다. 뉴 셰퍼드는 4명의 탑승객을 태우고 10분간 우주를 비행하고 지구로 돌아왔다.

2023년: 3월까지 첫 유인 비행을 포함하여 32명이 우주 여행을 했고 여행은 계속될 전망이나.

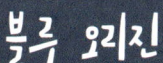

제프 베이조스

해제 | 오늘부터 달 탐사

1905년 미국의 라이트 형제는 그들이 만든 동력 비행기를 이용해 인류 최초로 하늘을 날았습니다. 하늘을 날고자 했던 오랜 꿈이 20세기에 들어서 처음으로 이루어진 것이에요. 50년이 지난 1957년, 인류는 우주를 향해 인공위성을 발사했습니다. 하늘을 향한 꿈이 지구 너머로 확장되었지요. 지속적인 우주 탐사 끝에 1969년에는 달에 위대한 첫발을 내디뎠습니다.
그리고 지금 우리는 전 세계적으로 달 탐사를 비롯한 우주 탐사 경쟁이 그 어느 때보다도 뜨거운 순간에 살고 있습니다. 인류가 달에 마지막으로 발을 내디딘 후 50년간 손님 없이 지구를 외로이 바라보던 달은 다시 한번 손님을 맞이할 준비를 하고 있답니다.

세계는 왜 달을 주목할까?

처음으로 하늘을 날았던 1905년에도, 마지막으로 달에 발을 디뎠던 1972년에도, 50년이 지난 지금도, 달은 그저 그 자리를 묵묵히 지구를 지키고 있었습니다. 오랫동안 달은 변한 것이 없어요. 오히려 인류가 달에 방문한 후, 사람들의 관심은 달에서 멀어졌지요. 그렇다면 무엇이 바뀌었길래 전 세계는 달로 향하고 있을까요?
테슬라의 CEO이자 SpaceX를 설립하여 우주 산업에 뛰어든 일론 머스크는 인류의 화성 이주 계획을 발표했습니다. 당면한 환경 문제와 기후 위기로 화성 이주는 정말 필요해 보였어요. 그는 화성에 가야 하는 이유를 인류의 멸종을 예방하기 위함이라고 했습니다. 화성을 포함한 다양한 행성 또는 위성에서 인류가 살 수 있는 다행성종을 만들어야 지속해서 번성한다는 말이었지요. 이 말은 많은 사람의 지지를 받기 시작했어요.

실제로 미국항공우주국을 비롯한 많은 연구자가 화성 이주 계획을 준비하면서 주목받은 곳이 달이에요. 화성 이주를 위한 중간 기착지로서 달의 기능이 매우 중요하기 때문이지요. 그래서 세계 각국이 달에 탐사선을 보내 달을 탐사했고, 놀라운 사실을 발견했습니다. 그것은 바로 달이 매우 귀한 자원의 보고라는 점이에요. 또 달의 극지방에 얼음 상태의 물이 존재하는 것이 밝혀지면서 달의 가치가 더욱 높아졌지요. 이러한 이유로 전 세계는 달 탐사에 집중하고 있답니다.

우리나라의 달과 우주

우리나라도 누리호의 성공적인 발사 이후 시선을 달로 돌리고 있습니다. 2022년 8월, 한국의 첫 달 탐사선인 다누리호는 무려 6,000,000km에 가까운 긴 여정 끝에 무사히 달 궤도에 진입해 임무를 수행하고 있어요. 다누리호의 성공으로 우리나라는 세계 일곱 번째로 달 탐사에 성공한 나라가 되었지요.
다누리호는 달에서 다양한 임무를 수행하고 있습니다. 중요한 임무 중 하나가 우리나라의 달 착륙선이 내릴 후보지를 찾는 거예요. 우리나라는 2030년 초에 달 착륙선 개발을 목표로 우주 탐사와 우수 사원 개발을 더 강화하겠다고 밝혔습니다. 이에 따라 달에 대한 사람들의 관심은 점점 높아지고 있어요.
이미 대한민국도 누리호와 다누리호의 성공을 바탕으로 그동안 축적해 온 우주 기술과 역량이 확인되면서 세계 수준의 우주 강국으로 나아갈 바탕을 마련했습니다. 그리고 우주 경제 강국이 되기 위해 우주 탐사의 영역 확장, 우주 개발 투자 확대, 민간 우주 산업 창출을 목표로 꾸준히 노력을 하고 있지요. 우리나라는 2045년에 화성에 착륙선을 보내겠다는 목표를 세웠어요. 그 시작점이 바로 '달'이지요. 달과 우주의 활용에 대한 연구는 현재도 전 세계적으로 계속 진행 중입니다. 많은 전문가가 4차 산업혁명 이후 다음 세대의 산업은 우주가 되리라 예상하고 있어요. 우리도 이런 기조에 발맞추어 차근차근 준비한다면, 전 세계의 우주 산업을 이끌어가는 강국으로 발돋움할 수 있을 것입니다.

국립과천과학관 천문우주팀 강성주 박사

뉴제너레이션 시리즈 02

오늘부터 달 탐사

초판 1쇄 인쇄 2023년 3월 29일
초판 1쇄 발행 2023년 4월 5일

글 줄리 라르동
그림 실비 세르프리
옮김 윤여연
감수 및 해제 강성주

펴낸이 김선식
펴낸곳 다산북스

경영총괄이사 김은영
어린이사업부총괄이사 이유남
책임편집 박슬기 디자인 투아흐 책임마케터 안호성
어린이콘텐츠사업4팀장 강지하 어린이콘텐츠사업4팀 최방울 박슬기
어린이디자인팀 남희정 남정임 김은지 이정아
마케팅본부장 권장규 마케팅5팀 최민용 박상준 송지은 안호성
미디어홍보본부장 정명찬 어린이홍보파트 이예주 문윤정
저작권팀 한승빈 이슬
재무관리팀 하미선 윤이경 김재경 안혜선 이보람
인사총무팀 강미숙 김혜진 지석배 박예찬 황종원
제작관리팀 이소현 최완규 이지우 김소영 김진경 양지환
물류관리팀 김형기 김선진 한유현 전태환 전태연 양문현 최창우

출판등록 2005년 12월 23일 제313-2005-00277호
주소 경기도 파주시 회동길 490
전화 02-704-1724 팩스 02-703-2219
다산어린이 카페 cafe.naver.com/dasankids 다산어린이 블로그 blog.naver.com/stdasan
종이 신승지류유통 인쇄 및 제본 한영문화사 후가공 평창피앤지

ISBN 979-11-306-9861-8 73440

- 책값은 뒤표지에 있습니다.
- 파본은 본사 또는 구입한 서점에서 교환해 드립니다.
- KC마크는 이 제품이 공통안전기준에 적합하였음을 의미합니다.
- 이 책은 저작권법에 의하여 보호를 받는 저작물이므로 무단 전재와 복제를 금합니다.
- 24~25쪽의 사진 출처는 미국항공우주국(NASA)입니다.